Spanish HFW

PRÁCTICA DE 100 PALABRAS DE ALTA
FRECUENCIA KINDER (USO FRECUENTE)

Nombre_________________ Centro de Palabras de Uso Frecuente

Lee

de

Traza

de

Colorea

de

Escribe

Nombre_________________ Centro de Palabras de Uso Frecuente

Lee

la

Traza

la

Colorea

la

Escribe

Nombre_____________________ Centro de Palabras de Uso Frecuente

Lee

que

Traza

que

Colorea

que

Escribe

Nombre_____________________ Centro de Palabras de Uso Frecuente

Lee

el

Traza

el

Colorea

el

Escribe

Nombre_____________________ Centro de Palabras de Uso Frecuente

Lee

en

Traza

en

Colorea

en

Escribe

____

Nombre_____________________ Centro de Palabras de Uso Frecuente

Lee

y

Traza

y

Colorea

y

Escribe

____

Lee

a

Traza

a

Colorea

a

Escribe

Lee

los

Traza

los

Colorea

los

Escribe

Nombre__________________ Centro de Palabras de Uso Frecuente

Lee

se

Traza

se

Colorea

se

Escribe

Nombre__________________ Centro de Palabras de Uso Frecuente

Lee

del

Traza

del

Colorea

del

Escribe

Nombre_______________________ Centro de Palabras de Uso Frecuente

Lee

las

Traza

las

Colorea

las

Escribe

Nombre_______________________ Centro de Palabras de Uso Frecuente

Lee

un

Traza

un

Colorea

un

Escribe

Nombre_______________________ Centro de Palabras de Uso Frecuente

Lee

por

Traza

por

Colorea

por

Escribe

Nombre_______________________ Centro de Palabras de Uso Frecuente

Lee

con

Traza

con

Colorea

con

Escribe

Nombre_____________________ Centro de Palabras de Uso Frecuente

Lee

no

Traza

no

Colorea

no

Escribe

Nombre_____________________ Centro de Palabras de Uso Frecuente

Lee

una

Traza

una

Colorea

una

Escribe

Nombre_____________________ Centro de Palabras de Uso Frecuente

Lee

Traza

su

su

Colorea

Escribe

su

Nombre_____________________ Centro de Palabras de Uso Frecuente

Lee

Traza

para

para

Colorea

Escribe

para

Nombre________________ Centro de Palabras de Uso Frecuente

Lee

es

Traza

es

Colorea

es

Escribe

Nombre________________ Centro de Palabras de Uso Frecuente

Lee

al

Traza

al

Colorea

al

Escribe

Nombre_____________ Centro de Palabras de Uso Frecuente

Lee

lo

Traza

lo

Colorea

lo

Escribe

Nombre_____________ Centro de Palabras de Uso Frecuente

Lee

como

Traza

como

Colorea

como

Escribe

Lee

más

Traza

más

Colorea

más

Escribe

Lee

o

Traza

Colorea

o

Escribe

Nombre_________________________ Centro de Palabras de Uso Frecuente

Lee

pero

Traza

pero

Colorea

pero

Escribe

____

____

Nombre_________________________ Centro de Palabras de Uso Frecuente

Lee

sus

Traza

sus

Colorea

sus

Escribe

____

____

Nombre_________________________ Centro de Palabras de Uso Frecuente

Lee

le

Traza

le

Colorea

le

Escribe

Nombre_________________________ Centro de Palabras de Uso Frecuente

Lee

ha

Traza

ha

Colorea

ha

Escribe

Nombre________________ Centro de Palabras de Uso Frecuente

Lee

me

Traza

me

Colorea

me

Escribe

Nombre________________ Centro de Palabras de Uso Frecuente

Lee

si

Traza

si

Colorea

si

Escribe

Nombre________________________ Centro de Palabras de Uso Frecuente

Lee

sin

Traza

sin

Colorea

sin

Escribe

Nombre________________________ Centro de Palabras de Uso Frecuente

Lee

sobre

Traza

sobre

Colorea

sobre

Escribe

Nombre_____________________ Centro de Palabras de Uso Frecuente

Lee

este

Traza

este

Colorea

este

Escribe

Nombre_____________________ Centro de Palabras de Uso Frecuente

Lee

ya

Traza

ya

Colorea

ya

Escribe

Nombre_____________________ Centro de Palabras de Uso Frecuente

Lee

entre

Traza

entre

Colorea

entre

Escribe

Nombre_____________________ Centro de Palabras de Uso Frecuente

Lee

cuando

Traza

cuando

Colorea

cuando

Escribe

Nombre_______________ Centro de Palabras de Uso Frecuente

Lee

todo

Traza

todo

Colorea

todo

Escribe

Nombre_______________ Centro de Palabras de Uso Frecuente

Lee

esta

Traza

esta

Colorea

esta

Escribe

Nombre________________________ Centro de Palabras de Uso Frecuente

Lee

ser

Traza

ser

Colorea

ser

Escribe

Nombre________________________ Centro de Palabras de Uso Frecuente

Lee

son

Traza

son

Colorea

son

Escribe

Nombre_________________________ Centro de Palabras de Uso Frecuente

Lee

dos

Traza

dos

Colorea

dos

Escribe

Nombre_________________________ Centro de Palabras de Uso Frecuente

Lee

también

Traza

también

Colorea

también

Escribe

Nombre_____________________ Centro de Palabras de Uso Frecuente

Lee

fue

Traza

fue

Colorea

fue

Escribe

Nombre_____________________ Centro de Palabras de Uso Frecuente

Lee

había

Traza

había

Colorea

había

Escribe

Nombre________________ Centro de Palabras de Uso Frecuente

Lee

era

Traza

era

Colorea

era

Escribe

Nombre________________ Centro de Palabras de Uso Frecuente

Lee

muy

Traza

muy

Colorea

muy

Escribe

Nombre_________________________ Centro de Palabras de Uso Frecuente

Lee

años

Traza

años

Colorea

años

Escribe

Nombre_________________________ Centro de Palabras de Uso Frecuente

Lee

hasta

Traza

hasta

Colorea

hasta

Escribe

Nombre_________________ Centro de Palabras de Uso Frecuente

Lee

desde

Traza

desde

Colorea

desde

Escribe

Nombre_________________ Centro de Palabras de Uso Frecuente

Lee

está

Traza

está

Colorea

está

Escribe

Nombre________________ Centro de Palabras de Uso Frecuente

Lee

mi

Traza

mi

Colorea

mi

Escribe

Nombre________________ Centro de Palabras de Uso Frecuente

Lee

porque

Traza

porque

Colorea

porque

Escribe

Nombre_________________ Centro de Palabras de Uso Frecuente

Lee

qué

Traza

qué

Colorea

qué

Escribe

Nombre_________________ Centro de Palabras de Uso Frecuente

Lee

sólo

Traza

sólo

Colorea

sólo

Escribe

Nombre_______________________ Centro de Palabras de Uso Frecuente

Lee

han

Traza

han

Colorea

han

Escribe

Nombre_______________________ Centro de Palabras de Uso Frecuente

Lee

yo

Traza

yo

Colorea

yo

Escribe

Lee

hay

Traza

hay

Colorea

hay

Escribe

____

Lee

vez

Traza

vez

Colorea

vez

Escribe

____

Nombre________________ Centro de Palabras de Uso Frecuente

Lee

Traza

puede

puede

Colorea

Escribe

puede

Nombre________________ Centro de Palabras de Uso Frecuente

Lee

Traza

todos

todos

Colorea

Escribe

todos

Nombre_______________ Centro de Palabras de Uso Frecuente

Lee

así

Traza

así

Colorea

así

Escribe

___

Nombre_______________ Centro de Palabras de Uso Frecuente

Lee

nos

Traza

nos

Colorea

nos

Escribe

___

Nombre_____________________ Centro de Palabras de Uso Frecuente

Lee

ni

Traza

ni

Colorea

ni

Escribe

Nombre_____________________ Centro de Palabras de Uso Frecuente

Lee

parte

Traza

parte

Colorea

parte

Escribe

Nombre________________ Centro de Palabras de Uso Frecuente

Lee

tiene

Traza

tiene

Colorea

tiene

Escribe

Nombre________________ Centro de Palabras de Uso Frecuente

Lee

él

Traza

él

Colorea

él

Escribe

Lee

uno

Traza

uno

Colorea

uno

Escribe

Lee

donde

Traza

donde

Colorea

donde

Escribe

Nombre_______________ Centro de Palabras de Uso Frecuente

Lee

bien

Traza

bien

Colorea

bien

Escribe

Nombre_______________ Centro de Palabras de Uso Frecuente

Lee

tiempo

Traza

tiempo

Colorea

tiempo

Escribe

Lee

mismo

Traza

mismo

Colorea

mismo

Escribe

Lee

ese

Traza

ese

Colorea

ese

Escribe

Nombre_______________________ Centro de Palabras de Uso Frecuente

Lee

ahora

Traza

ahora

Colorea

ahora

Escribe

Nombre_______________________ Centro de Palabras de Uso Frecuente

Lee

cada

Traza

cada

Colorea

cada

Escribe

Nombre_____________________ Centro de Palabras de Uso Frecuente

Lee

e

Traza

Colorea

e

Escribe

Nombre_____________________ Centro de Palabras de Uso Frecuente

Lee

vida

Traza

vida

Colorea

vida

Escribe

Nombre_________________ Centro de Palabras de Uso Frecuente

Lee

otro

Traza

otro

Colorea

otro

Escribe

____

Nombre_________________ Centro de Palabras de Uso Frecuente

Lee

después

Traza

después

Colorea

después

Escribe

____

Nombre_________________ Centro de Palabras de Uso Frecuente

Lee

te

Traza

te

Colorea

te

Escribe

Nombre_________________ Centro de Palabras de Uso Frecuente

Lee

otros

Traza

otros

Colorea

otros

Escribe

Nombre________________ Centro de Palabras de Uso Frecuente

Lee

aunque

Traza

aunque

Colorea

aunque

Escribe

Nombre________________ Centro de Palabras de Uso Frecuente

Lee

esa

Traza

esa

Colorea

esa

Escribe

Nombre_______________________ Centro de Palabras de Uso Frecuente

Lee

eso

Traza

eso

Colorea

eso

Escribe

Nombre_______________________ Centro de Palabras de Uso Frecuente

Lee

hace

Traza

hace

Colorea

hace

Escribe

Nombre_______________________ Centro de Palabras de Uso Frecuente

Lee

otra

Traza

otra

Colorea

otra

Escribe

Nombre_______________________ Centro de Palabras de Uso Frecuente

Lee

gobierno

Traza

gobierno

Colorea

gobierno

Escribe

Nombre_____________________ Centro de Palabras de Uso Frecuente

Lee

tan

Traza

tan

Colorea

tan

Escribe

Nombre_____________________ Centro de Palabras de Uso Frecuente

Lee

durante

Traza

durante

Colorea

durante

Escribe

Nombre__________________ Centro de Palabras de Uso Frecuente

Lee

siempre

Traza

siempre

Colorea

siempre

Escribe

Nombre__________________ Centro de Palabras de Uso Frecuente

Lee

día

Traza

día

Colorea

día

Escribe

Nombre_________________ Centro de Palabras de Uso Frecuente

Lee

Traza

tanto

tanto

Colorea

Escribe

tanto

Nombre_________________ Centro de Palabras de Uso Frecuente

Lee

Traza

ella

ella

Colorea

Escribe

ella

Lee

tres

Traza

tres

Colorea

tres

Escribe

Lee

SÍ

Traza

sí

Colorea

SÍ

Escribe

Nombre_____________________ Centro de Palabras de Uso Frecuente

Lee

dijo

Traza

dijo

Colorea

dijo

Escribe

Nombre_____________________ Centro de Palabras de Uso Frecuente

Lee

sido

Traza

sido

Colorea

sido

Escribe

Nombre_______________ Centro de Palabras de Uso Frecuente

Lee

gran

Traza

gran

Colorea

gran

Escribe

Nombre_______________ Centro de Palabras de Uso Frecuente

Lee

país

Traza

país

Colorea

país

Escribe

Nombre_________________ Centro de Palabras de Uso Frecuente

Lee

según

Traza

según

Colorea

según

Escribe

Nombre_________________ Centro de Palabras de Uso Frecuente

Lee

menos

Traza

menos

Colorea

menos

Escribe

Nombre_________________ Centro de Palabras de Uso Frecuente

Lee

mundo

Traza

mundo

Colorea

mundo

Escribe

Nombre_________________ Centro de Palabras de Uso Frecuente

Lee

año

Traza

año

Colorea

año

Escribe

Nombre__________________ Centro de Palabras de Uso Frecuente

Lee

antes

Traza

antes

Colorea

antes

Escribe

Nombre__________________ Centro de Palabras de Uso Frecuente

Lee

cómo

Traza

cómo

Colorea

cómo

Escribe

Nombre________________ Centro de Palabras de Uso Frecuente

Lee

contra

Traza

contra

Colorea

contra

Escribe

Nombre________________ Centro de Palabras de Uso Frecuente

Lee

sino

Traza

sino

Colorea

sino

Escribe

Nombre_________________________ Centro de Palabras de Uso Frecuente

Lee

forma

Traza

forma

Colorea

forma

Escribe

Nombre_________________________ Centro de Palabras de Uso Frecuente

Lee

casi

Traza

casi

Colorea

casi

Escribe

Nombre_________________ Centro de Palabras de Uso Frecuente

Lee

nada

Traza

nada

Colorea

nada

Escribe

Nombre_________________ Centro de Palabras de Uso Frecuente

Lee

hacer

Traza

hacer

Colorea

hacer

Escribe

Nombre________________________ Centro de Palabras de Uso Frecuente

Lee

luego

Traza

luego

Colorea

luego

Escribe

Nombre________________________ Centro de Palabras de Uso Frecuente

Lee

estaba

Traza

estaba

Colorea

estaba

Escribe

Nombre________________ Centro de Palabras de Uso Frecuente

Lee

poco

Traza

poco

Colorea

poco

Escribe

___

Nombre________________ Centro de Palabras de Uso Frecuente

Lee

estos

Traza

estos

Colorea

estos

Escribe

___

Nombre________________________ Centro de Palabras de Uso Frecuente

Lee

tenía

Traza

tenía

Colorea

tenía

Escribe

Nombre________________________ Centro de Palabras de Uso Frecuente

Lee

mayor

Traza

mayor

Colorea

mayor

Escribe

Nombre_____________________ Centro de Palabras de Uso Frecuente

Lee

ante

Traza

ante

Colorea

ante

Escribe

Nombre_____________________ Centro de Palabras de Uso Frecuente

Lee

unos

Traza

unos

Colorea

unos

Escribe

Lee

les

Traza

les

Colorea

les

Escribe

Lee

algo

Traza

algo

Colorea

algo

Escribe

Nombre_____________________ Centro de Palabras de Uso Frecuente

Lee

Traza

hacia

hacia

Colorea

Escribe

hacia

Nombre_____________________ Centro de Palabras de Uso Frecuente

Lee

Traza

casa

casa

Colorea

Escribe

casa

Lee

ellos

Traza

ellos

Colorea

ellos

Escribe

Lee

ayer

Traza

ayer

Colorea

ayer

Escribe

Nombre_______________________ Centro de Palabras de Uso Frecuente

Lee

hecho

Traza

hecho

Colorea

hecho

Escribe

Nombre_______________________ Centro de Palabras de Uso Frecuente

Lee

primera

Traza

primera

Colorea

primera

Escribe

Nombre_________________________ Centro de Palabras de Uso Frecuente

Lee

mucho

Traza

mucho

Colorea

mucho

Escribe

Nombre_________________________ Centro de Palabras de Uso Frecuente

Lee

mientras

Traza

mientras

Colorea

mientras

Escribe

Nombre___________________ Centro de Palabras de Uso Frecuente

Lee

además

Traza

además

Colorea

además

Escribe

Nombre___________________ Centro de Palabras de Uso Frecuente

Lee

quien

Traza

quien

Colorea

quien

Escribe

Lee

nunca

Traza

nunca

Colorea

nunca

Escribe

Lee

aquí

Traza

aquí

Colorea

aquí

Escribe

Nombre________________ Centro de Palabras de Uso Frecuente

Lee

esto

Traza

esto

Colorea

esto

Escribe

Nombre________________ Centro de Palabras de Uso Frecuente

Lee

misma

Traza

misma

Colorea

misma

Escribe

Nombre________________________ Centro de Palabras de Uso Frecuente

Lee

pueden

Traza

pueden

Colorea

pueden

Escribe

Nombre________________________ Centro de Palabras de Uso Frecuente

Lee

están

Traza

están

Colorea

están

Escribe

Nombre_____________________ Centro de Palabras de Uso Frecuente

Lee

pues

Traza

pues

Colorea

pues

Escribe

Nombre_____________________ Centro de Palabras de Uso Frecuente

Lee

hoy

Traza

hoy

Colorea

hoy

Escribe

Nombre________________ Centro de Palabras de Uso Frecuente

Lee

lugar

Traza

lugar

Colorea

lugar

Escribe

Nombre________________ Centro de Palabras de Uso Frecuente

Lee

tienen

Traza

tienen

Colorea

tienen

Escribe

Nombre_________________ Centro de Palabras de Uso Frecuente

Lee

Traza

fueron

fueron

Colorea

Escribe

fueron

Nombre_________________ Centro de Palabras de Uso Frecuente

Lee

Traza

trabajo

trabajo

Colorea

Escribe

trabajo

Nombre________________ Centro de Palabras de Uso Frecuente

Lee

otras

Traza

otras

Colorea

otras

Escribe

Nombre________________ Centro de Palabras de Uso Frecuente

Lee

mejor

Traza

mejor

Colorea

mejor

Escribe

Nombre________________ Centro de Palabras de Uso Frecuente

Lee

nuevo

Traza

nuevo

Colorea

nuevo

Escribe

____

Nombre________________ Centro de Palabras de Uso Frecuente

Lee

cual

Traza

cual

Colorea

cual

Escribe

____

Nombre_____________________ Centro de Palabras de Uso Frecuente

Lee

algunos

Traza

algunos

Colorea

algunos

Escribe

____

Nombre_____________________ Centro de Palabras de Uso Frecuente

Lee

entonces

Traza

entonces

Colorea

entonces

Escribe

____

Nombre________________________ Centro de Palabras de Uso Frecuente

Lee

todos

Traza

todos

Colorea

todos

Escribe

Nombre________________________ Centro de Palabras de Uso Frecuente

Lee

días

Traza

días

Colorea

días

Escribe

www.ingramcontent.com/pod-product-compliance
Lightning Source LLC
Chambersburg PA
CBHW081357160726
48000CB00010B/3383